담묵으로 번지다

반유림 시집

계간문예

담묵으로 번지다

시인의 말

돌아보면 한치 앞도 보이지 않았던 시간의 연속이었다. 슬픔이 지나간 물너울이다, 이른 새벽잠이 깼다. 아무 소리도 들리지 않는다. 아무것도 보이지 않는다. 어슴푸레한 방문의 윤곽뿐. 그 윤곽의 시를 위해 마음과 사물을 기다렸다. 기다림만이 나를 지키는 일이라면, 이쯤 하여 한 개의 낙관을 찍는다. 먹빛이 아름답고 깊은 것은 붓끝에 있다. 붓끝에 떠오르는 아침 햇살을 본다.

2025년 4월

반유림

■ 차례

제2부 패랭이꽃

제3부 알을 훔치는 시간

제4부 겨울나무가 사는 법

제5부 지금은 떠나야 할 시간

제1부

석양의 필법

겨울사랑

먼 산을 바라보는 노스님 미소처럼
눈의 가슴이 따스하다
보드랍던 땅의 살들이
매섭지 않게, 잔인하지 않게
앞가슴 옷깃 꼭꼭 여미어 주던
어미의 손 냄새를 지녔다
미끄러지며 넘어지는 눈은
오르는 산 중턱 산사길
서로 부대끼다 상처 난 댓잎에도
흰 연고 잔뜩 발라주는가
눈의 손은 입 붙은 개구리도
돌 밑에 꼭꼭 숨겨주었다
진회색 망상을 지붕으로 덮고 있는 나
몇 번의 재채기에도 훌훌
나비처럼 날게 하는 입자들
팽팽한 긴장으로 언 입술
양지의 진달래 꽃봉오리에게도
반가이 손을 내밀게 한다

석양의 필법

서쪽 하늘에 걸린 놀
마지막 산봉우리가 아름답다 습기 찬 손거울
희미하게 나의 손, 고삐처럼 움켜쥔다
예의 그 자리에 서 있는 당신은
떨어지는 해의 끝자락을 잡는다 내 붓은
행서에서 초서로 내려 노루 발바닥만큼 남겨둔 자락에
낙관을 찍는다

날은 어두워져 바람 불어와 마지막 남은
미루나무 잎새는 겨우내 빈손이다
오늘도 맨발로 머물다 어둠이 내리면 나를 따르던
발자국들 엎드린 채 잠이 든다 시린 발목에다
방금 갈아놓은 먹물에 내가 지워지기라도 하면 어쩌나

풀잎처럼 휘어진 초서의 한 구간이 담묵으로 번진다
먹물 듬뿍 적셔 내려 뻗는 붓끝은 떠오르는
아침 햇살을 온몸으로 맞으라는 어떤 암시
팽팽한 어둠 뒤에서
무청처럼 파란 하늘 볼 수 없는 것은
새벽다운 새벽을 만나지 못하는 것은

어쩌면 나의 오랜 늦잠 때문
아니, 잠 속이라도 필은 살아 있으려나

해인海印, 빗소리의 그릇

나 혼자 즐기는 적막 속 으르릉 바윗돌 구르는 소리가 난다
불면의 밤바다 처마에서 떨어져 땅바닥에 홈질 하는 비는
어쩌다 잊고 살던 그리움을 서럽도록 알려 준다

한번 소리쳐 불러 보지도 못한 채 생을 건너간
아버지가 내게로 오신 것인가

끊이지 않고 흘러내리는 빗소리
으깨어 그릇 하나 빚다 보면
허술한 누군가의 지붕 틈 사이 흘러내리는 빗물을
받쳐 주어야겠다는 생각
내 불면의 밤은 끝이 나고 청명한 아침이 온다

물살은 바윗돌 떠밀어 해인사 아래 홍류동쯤 지나
물 위에 꽃을 피운다
내가 빚은 그릇이 새는 비를 받쳐 주기라도 한다면
생각이 나를 흔들고 있다

다시 듣는 진혼곡

가슴이 답답해지면 고개를 젖혀 빈 하늘을 본다
적셔줄 비라도 소리 없이 내리려나 오늘은 현충일 친구가
보내준 동영상, 터치했을 때 울려 퍼지는 한 미국병사,
나팔수가 백년 전 남북전쟁 중에 일어났던 진혼곡의
사유와 함께 울려 퍼지는 진혼곡, 가슴 밑바닥에서 나는
온몸으로 전율을 일으키며 올라오는 눈물은 끝도 없이
흘렀다 북군인 아버지 몰래 남군에 입대한 아들이
총상을 입고 북군 진지까지 들리는 신음소리에 아들인
줄 모르는 아버지에게 발견되어 랜턴으로 비춰본 아버지
혼신을 다해 살리려는 아버지 앞에서 전사한 아들의
주머니 속에서 구겨진 악보 한 장 북군의 허락을 받아
떠나는 영혼이 자신이 만든 진혼곡을 한 나팔수의
눈물겨운 연주를 전사한 영령들에게 바치며 떠났다는
사연, 얼마나 울었는지, 백년이 지난 지금도 영원히 젊은
병사는 사라지지 않고 사람들의 가슴 속 깊이 새겨져
남아

어느 가을 호숫가

미끄러질 듯 잔잔한 호수가 따가운 햇살
졸졸 줄지어 엄마 오리 따라 물 위 울타리도 없는
동그라미 속으로 햇살 퍼 담아 꽥꽥 물 한 모금 파란
하늘 햇살 한 모금, 노니는 한가로운 청둥오리 떼

갑자기 천둥 번개 치는 소낙비를 만났을 때 뿔뿔이
흩어지던 오리 새끼들 한순간도 지나지 않아 여유로운 물 위
둥우리 속 가을 저녁놀을 즐기는 새끼 오리를 보며, 내 안에
나, 버릴 수 있음에 두 손으로 턱을 받쳐 미소를 보낸다

때로는 망각이 망각이 아님을 안다
파란 하늘 맑은 공기 한 모금 마시는 가을 오후

천리향

늦은 겨울 아침
남으로 난 마당 앞 평상만한 창으로
깨알같은 은빛 햇살이 졸졸졸 쏟아진다
소리없이 봉긋한 미소가 뒤따라 골진
브래지어 속 깊숙이 파고든다

잔잔한 햇빛 가득 찬 마당가
혼자서 한마당 주인인 양
독백처럼 저 혼자 초록잎 매달고
찬바람 맞서 휘둘려도 그냥 그 자리

꿋꿋이 고집스런 천리향 가냘픈 넌
뾰족 뾰족 빠알간 꽃망울 얄밉게 내민다
향기가 천리를 간다고 천리향
천리향 향기 간 곳은
꼭꼭 싸맨 내 마음 속 골짜기

얼굴

한순간 사람들이 사라져 버린 병원
텅 빈 공간에 외로 남겨져 있는

나는 울고 있었다

초조함이 엮이다가 맺힌 눈물에
그리움 드리운 걸 알았을 때 눈동자는
초점을 잃는다

길 건너편 켜진 가로등은 짝짝이 서로의 눈빛 맞추느라
입가엔 잔뜩 미소가 맴돌지만
몰려간 길 이쪽 편 사람들 모두 마스크로 얼굴을 가린다

눈가에 맺힌 이슬 속에서 북적이는 허상을 본다

앞이 가려 길이 보이지 않을 때
한 걸음 앞서가는 이의 뒤꿈치를 따라가기에 바쁘던 나
갈색 파스텔로 얼굴을 그린다

세찬 바람 불어와

얼굴에 덧칠한 색의 입자들 후루룩 날아가자
길을 잃고 몰려가는 사람들은
창백한 입술 선만 남는다

눈 마중

탱자나무 가시로 다슬기 돌려 까먹던 가시나
푸른 눈물 찔끔 흘리며
남산학교 교문 앞에 서 있다

혹한의 추위란, 오늘을 두고 하는 말인가
목적지를 찾다 길 잘못 들어선 나
몽당치마 찰랑거리던 시절에 멈춰 서다니!

지난날에도 이만큼 추웠던 날은 있었을 텐데
교문 앞 눈으로 막힌 길 치워 주던
6학년 오빠들은 지금 지상에서 아직도
같은 공기를 마시고 있을까

네거리 신호를 받고 있던 차들은
미끌리듯, 떠밀리듯 또 어디론가 떠나고
가슴이 짠해서인지 검은 단발 소녀는
교문 안쪽을 더듬더듬 살핀다

눈발처럼 희어진 머리카락이
탱자 가시에 함부로 으스러지지 않도록

살그머니 날아오르는 눈은
세운 까치발 들어 올리고 있다

슈퍼 블루문

아흔에 든 우리 엄마 치매로 고생하시다 돌아가신 후
덩그러니 남겨진 방을 살피다가
구겨진 종이 뭉치를, 난 뒤늦게야 찾아낸 것

지렁이 기어간 듯 꾸불꾸불한 글씨로
써 내려간 유서 한 구절에
"구름에 달 가듯이 가는 외로운 인생"이라
쓰여 있었네

오늘 밤 유난히 큰 달이 뜬다네
뉴스에서는 보통 때 달보다 14%나 더 크다고 하는데
회색 솜을 풀어 놓은 듯한 하늘
구름 사이사이로 달의 숨바꼭질에 나는 목이 말랐네

나는 현관문을 들락날락
구름 밖으로 나온 달을 찍으려고 폰을 든 채로
14년이 지난 후 다시 나타난다는 개기월식
따라나서면 달아나고 달아나다가 살짝 보여주던 얼굴
엄마가 보고 싶었던 거였네

저처럼 큰 달을 볼 기회가 나에게 주어질 것 같지 않은
어떤 불길한 예감에
마지막 삶이 종지부를 찍을 때
나도 엄마가 뭉쳐 던진 종이 뭉치 속에 글씨처럼
둥글고 큰 오늘의 달을 외로움이라 쓰려 하네

어느새 달은 검은 구름 깊이 넘어가 버리고
빈 뜨락에 혼자 서서, 나는 어머니처럼
오래 살고 싶지 않게 해 달라고
두 손 모아 기도하네

초록길

봄비가 살금살금 걸어온다면
보고픈 그 사람 그림자일지라도
연녹색 슈트를 입고 나가 맞으리

그리움에 촉촉이 젖어 스며드는 내 가슴
촉촉하게 다 젖어버리면
날아가는 민들레 씨앗을 모둠발로 붙잡을 거야

내 마음 깊은 방 차곡차곡 쌓아둘 거야

연녹색 벗어 던진 쓸쓸한 겨울날
내 안에 살아있는 파랑새와
눈웃음 짓는 별들과
복사꽃 진분홍 꽃술에 들려줄
귓속말을 받아 악보로 옮겨 적을 거야

겨우내 입었던 검은 슈트일랑 벗어 던지고
눈부신 초록 점퍼 걸쳐 입을 거야

달맞이꽃, 첫사랑

까마득히 먼 지난 어느 날 초저녁 해변가 오가는 사람들이 빈번한 시간
갑자기 자전거를 타고선 내 앞을 막아서며 빙그레 웃던 그 친구
눈썹 같은 초승달 별무리 속에 묻혀 등 굽은 밤, 달맞이꽃 한 송이 슬며시 건네주며
잡을 듯이 몇 바퀴 빙빙 돌고선 쌩 하니 가버린 그날 밤
잠 못 드는 파도는 성난 듯이 뒤척였지,

멀지 않은 곳, 눈웃음치며 정 들었지
한 살이 많아도 오빠라며 제법 늠름한 보호자 역할을 자칭하던 그
오늘이 어제 같고 내일이 오늘 같은 사춘기를 지날 때 그는 나를 적셔주는 한 줄기
소낙비였다

지금은 그의 생사조차 알 길 없지만 언제 어느 곳에서 내 곁을 지나친다 해도 알아볼 수 있을는지 생각이 조용한 어떤 시간에 불쑥 찾아오는 것은 달이 떠도 달이 뜨지 않아도 결코 사라지지 않는 달의 빛깔로 월포 해변 어느 쯤에서 아직도 살아 있다는 이유일 것이다

그늘진 가을

떨어지는 땀방울 따라온 가을 아직은 소매 끝 속으로 스치는 바람 가볍게
느껴지는 선선함, 무덥던 여름 흐르는 땀으로 적셨던 소매단을 내린다
점심때가 지나 어정어정거리다 해는 벌써 풀어 내린 소매 끝을 따라
산등성을 넘어가고 오늘 못다한 생각들 하루를 덮어버리는 이불 속에 잠든다

늦은 아침 해는 벌써 넓은 유리창 잠금고리에 걸려있네 마당에 해피는 배고픔을
참느라 꼬리를 흔들며 현관문 열리기만 눈 빠지게 기다리며 나를 욕하고 있겠지
제일 먼저 사료부터 개밥그릇에 채우면서 생각만이라도 해 보았다 누구라도
나를 위해 따뜻한 아침밥을 차려 준다면, 엄마 밥상 생각에 그리움이 마당 한구석
누렇게 빛바랜 잎 넓은 옥잠화에 달려있네 멍하니 서 있던 나

그늘진 가을을 고개 돌려 밀어내고 아침밥 준비한다

불안의 시대

오늘도 삶의 연결 고리를 놓치지 않으려고
바삐 움직이는 발길들
저녁이면 그들은 언제나 한곳으로 모여든다
서로 서로 불안의 안부를 확인해 가며
멀리 있는 피붙이에게도 안전을 걱정한다

비포장도로를 달리듯 이리저리 몰려
정확성도 희박한 소리들만 웅성거릴 뿐이다
불운의 세상 속 편안함에 길들여진 세대들
불안한 시대를 건너는 연습 중이다

어딘가를 향한 불안의 씨앗을 찾아가는 길
오리무중의 시대에 도래한 위태로움을
우중충한 구름 가득한 종을 알 수 없는 색깔을
강렬한 햇빛 속으로 무색케 해야 할 것이다
불안의 바이러스는 누가 만들었는가

영산홍 꽃잎처럼

반짝반짝 고사리 아기손 빌어
찬란한 햇살 미끌어질 듯
잔잔한 호수 위에 한낮을 즐긴다

사랑의 열정 넘쳐 언제나 영산홍 꽃잎 진한 오렌지빛
강렬한 눈빛으로 와락 품어주던 당신
호수가 오렌지 그리움이 내 얼굴 위에 가슴 속에
흠뻑 적셔 버렸네 쏟아지지 않을 만큼 힘껏 품고 싶어라

지나간 자국은 남아 있지만 강렬한 그 눈빛 떨쳐 버릴 수 없어
오늘도 조용히 눈감은 채 당신의 여운을 가슴에 묻고
아카시아꽃 냄새 짙은 밤 숲길에 두 팔 벌려 기다리는
그대를 맞으러 가리

제2부

패랭이꽃

패랭이꽃

늘 초록인 줄로만 알았던 이파리가 애련의 가슴일 줄
새큼한 풋사랑 그대로 둘 걸
바람의 뜨거운 입김에 붉게 물들었나

황톳길 가다 만난 패랭이꽃
대문 앞 옮긴 날부터
천둥 번개 치는 밤 찢긴 깃발처럼
내 잠은 펄럭거렸네

지난 밤 가뭄 끝에 찾아온 이슬비에도
행여나 찾아올 그리운 사람에게
이슬방울 소리에도 들킬까 봐 마음 졸였네

꿈속에서 아련한 모습 안개 속으로
가물가물 눈앞이 흐려지네

꽃잎들, 아픔을 딛고 일어선

초록물이 흠뻑 들지 않아서
물조리를 든 내 마음은 연둣빛이다

며칠을 두고 꽃샘바람이 불고
오락가락 비를 몰아 다녀가더니
앙증스런 꽃봉오리 매달았다

지독한 약물에 취한 지난해
엄마 둥치 옆 겨우 자라난
초롱초롱 매화나무 다섯 가지

혹여나 겨우내 물 준 내 마음을
기어이 살아내는 일로 보답이나 하려는가

예쁘고 사랑스러운 우리 사이의 사랑
깊이 아끼는 마음속에는
내가 눈빛으로 만져주는 가장 좋은 답례
그건 네가 꿋꿋하게 살아가 주는 것

사랑하고 싶고, 사랑받고 싶어서

내 막혀 있던 오감의 마디마디
흰 매화는, 말라 죽은 어미 곁
흰 열꽃 톡톡 터트려 매달고 있다

별맛이 쓰다

텅 빈 까치둥지 내려다보며
별들은 무슨 생각을 할까

불행과 고통은 언제나 예상 밖의 일이었기에
나는 항상 남들보다 한 발짝 느려
맨 앞줄에는 서지 못하지만
가려고 나선 길 끝까지 가려 한다

그저께는 밥 생각이 없는 아침
늦은 점심엔 돌아오리라, 길 나섰다가
어둑해서 집에 돌아온 나, 빈속에
식은 고구마 하나 까 넣는다

뱃속에서 무슨 싹이라도 돋는 건지
찌르듯 꼭꼭 아파 와서
활명수에다 엄지손톱 마디 위까지
침을 찔러 검은 피를 뽑아도
별 효험이 없다

누구도 바라보아 주지 않는

빈 둥지의 외로움이 이런 건가

이제는 나만을 위해 살아야겠다고
나도 모르게 깨무는 입술에서
별 볼 일 없는 별맛이 쓰다

단편 드라마

늦가을 마당 스산한 비는 오다 말다
바람은 술 취한 남정네처럼 비틀댄다
누리끼리하다 찢어진 수국잎이
이리저리 발길에 밟히더니, 현관 안까지 따라온다

화려한 찬사는 누구에게 돌려주고
비운의 조연들, 발길에 밟혀 찢어지는가

신발 신은 채 문밖으로 밀어 떨어뜨리지만
나는 조연 아니라고 말할 수 있는가

어쩌면 화려하게 활짝 핀 주인의 끝 또한
쓸모 다한 어느 날 빗자루에 쓸려
흙 속으로 비집고 들어가 썩음에 헌신하는 삶

나머지 시간들은 눈감은 채 살고 싶다
얼마만큼의 그래도 아직은 내가 나인 것은
억울하기만 한 것 같아, 목청껏 나를 변론한다

갓 핀 수국 세워둔 내 곁에

지금도 시멘트 바닥에 떨어지는 빗소리는
후드득 열어둔 창문을 넘어온다

건망증

한 잔의 커피 속에서
여운 없이 내려가야 하는 계단은
찜찜한 기분이다
내려서는 발등 위에 떠오르는 기억 속에는
분명 가방에 들어 있어야 하는데
아차! 왜 지금은 없는 거지?

커피가 그만 가방을 삼킨 것인가

뒤엉켰던 볼펜이 가방 속 립스틱을 찌르면
검붉은 색은 온통 하찮은 웃음들을
줄줄 흘리진 않을까

달려온 만큼 달려가 다시 만난 나
가방과의 대화에는
날 두고 갔다는 투정 손잡이에는
색색거림으로 남겨진 숨소리

휴, 내뱉는 한숨 뒤에 던져진
털빛 고운 무소 한 마리

되돌아오는 승용차 뒤에 앉아서
뒤통수에 꽂아둔 꽃 머리핀을
비상벨인 양 꾹꾹 누르고 있다

보름달 보법步法

가득 찬 울분을 조용히
정월 대보름달에 내려놓는다
희뿌연 달빛은
여러 가닥의 삼베 올
조각조각 한 조각 남김없이
치마폭에 주워 담아
오늘도 또 내일도 무사하라고
구름 속에 밀어 넣는다
철커덕철커덕
이루고 싶은 소망도
애원의 합장으로 올올이 짠다
바람 앞에 서 있는 촛불이
흔들림의 춤까지 받아 안아서
버티고 또 버텨야 한다
어제의 흰 달을 당겨
무겁던 발등에
넘실넘실 올린다

밀쳐버린 겨울

흰 눈 펄펄 흩날리는 들판에서
못다 버린 인연 하나
저 먼 하늘가로 미련 없이
훨훨 떠나보냈네

칭칭 붕대 속에 감겨있던 새큼한 봄은
겨우내 목감기로 새까만 눈망울 굴리며 와서
더 이상 참을 수 없는 봉긋한 꽃봉오리로
나를 깨우네

간간히 매서운 눈바람
옷깃을 파고들며
숫처녀 분홍빛 봄
붕대 속 상처에 새살로 돋아나네

가슴 한구석 왠지 낯설어진 여인
마냥 고개 숙인
목련 낮은 가지 하나
눈빛으로 일으켜 세우네

마중

하늘 바라보는 눈보다
흰 구름에 몸 뒤트는 찔레꽃잎
티 없이 맑다

잊을 길 없던 그리움도
자취 없이 사라진 날
언덕길 위에서 교차하던 갈등
잡아 이끄는 손 뿌리치지 못해
삶의 동반자가 되었던가

숨 쉬며 살아가는 동안
나눠 가진 공기 같은 건
희비 엇갈린 흔적들로
내 몸에는 이제 가시만 남았다

이왕 눈 내린다면
소복소복 쌓여 눈구덩이 속에서
한나절을 더 보내도 좋으리

기다리고 기다리던 봄날에는

새로 돋은 찔레순 꺾어 들고
순록처럼 눈 더 맑아진 나
그댈 다시 맞으리라

연두손 행렬

두 손에 움켜쥔 흙 털고
너는 껍질 밖으로 나오는
경이로움 그 자체다

나란히 나란히 하늘 향한
연둣빛 여린 새싹들
미래를 지향하는 무한대의 희망들이다

첫 기다림으로 바람 안고 나온 너희들은
진하게 변신하는 초록이다

어깨에 따사로운 햇살 걸친 채
실바람 동무들과 조가비 같은 손잡고
동글동글 한길로 간다

맑은 옹달샘 재잘거리듯
귓불 간질이면
가슴은 어느새 흘러내리는 물 따라
모든 미움도 벗어던지게 된다

콩콩대는 내 마음 쓰다듬는
너의 새근거리는 숨결이
사는 일에 무겁던 발걸음도
한결 가볍게 당겨준다

일침, 가는 해의

한해가 며칠 남지 않은 어느 날
방안에서 방석을 밟고
우당탕 넘어졌다

여러 곳에 입은 타박상
무의식 상태에서도 두 손은
얼굴만큼은 무사하게 가려주었다

그나마 부러진 뼈가 없어
열흘이 넘도록 집안에서 맴돌며
처방 받아온 약을 거르지 않고 먹었다

불행은 예상치 못한 순간에 찾아와
죽어라, 죽어라 할 때가 있다는
친정 할머니 말씀이 문득 떠올랐다

끝나기 전까지는 끝난 게 아니라는
일침 같은 유행어로
겹친 악운의 등을 떠민다

지금은 채워갈 때가 아닌, 유지할 때라고
액땜의 주문인 듯 중얼거린다

산뜻한 생각이 올 때까지

먼 기억

버리고 또 버려도
곳곳에서 울컥 치미는 울화가 있다

차곡차곡 개켜진 채
깊은 기억 창고에 갇혀 있다가
급물살에 올라탄 시간, 또 한 해를 넘기고 있다

악몽 속 질척거리는 사람들 버리려고
새끼줄에 묶어 걸어 둔
그들과 나의 관계

솔가지와 함께 걸린
숯덩이만한 계집아이
딸 부잣집 둘째 딸, 쬐그만 그 아이
세월이 가는 대로 따라가다가
어느새 열 살을 넘겼다

언니들 심부름꾼 울보였다가
우악스럽게 못난 손에
모질게 맞았던 기억이 아직도

담장 밑에서 나를 울게 하는데
그날의 단발머리는 더 자라지 않았다

한 때는 늑막염에 걸려
두 달 동안 아버지 손잡고 병원을 다니며
매일 주사를 맞아야 했다

이제는 팔순을 넘긴 나이, 잊어야 할 때가 되었지만
지금도 살다보면 한 번씩 먼 기억 속에
캄캄한 눈알

입속으로 중얼거리던 돌대가리 그 애
지금은 그 무엇으로도 이겨 볼 때가 된 것 같은데
늑막염의 후유증인 듯
아프다, 숨겨둔 갈빗대 한 개

흔적들

산 너머 누가 기다리는지, 노을은
서둘러 내려가 버리고
허술한 벽돌담 귀퉁이 여린 새싹 피우는 무화과는
아무도 모르게 엄지만큼
어두운 하늘을 비집고 있다

구석구석 비를 뿌려놓고
그 다음 다가온 바람은
잠들지 말라고 부지런히 흔들어
바늘 기둥처럼 가녀린
내 신경의 마디는 꼭 쥔 주먹을 내민다

폭신한 열매 조롱조롱 매다는 동안
사람들은 웅성웅성
달다고 따 먹는다, 연이어 참새들
가지 사이사이 빈틈없이 박혀
고개를 까딱까딱 까불거린다

처음으로 맛본 행복이란 이런 것

어느 날 무화과 따먹고 무화가 닮은 사람들
먼 가지부터 전기 톱날 소리에 윙윙
훤하게 잘려버리고 나면
오종종 박혀 있던 참새떼 까만 눈알들
어디론가 날아가 버릴 거야

허름하다가 더 허름해진 담은
불도저에 밀어 부서지고
처음부터 이곳은 빈 땅이었던 것처럼
또다시 허탈해 질까

얼마만큼 푸석해진 흙들은 푸석해 지다가
무화과 담아두던 눈 속에
이름 모를 풀들에 한 번 더
말끔히 지워지는 흔적들

지난 여름

소매 걷어 부치고 밀린 일 쳐내듯
뜨거운 한여름 대낮
숨 막히는 정적을 깨뜨리고
하늘에 대못을 친 듯
소낙비가 내려꽂히던 날

나는 어느덧 빗줄기에
우쭐우쭐 춤추는 장대처럼
선 자리에 발목 박고 흐르는
세월보다 먼저 초췌해지는 자신에게
흠씬 두들겨주는 소나기의 질타가 좋았다

좁은 우산 버리고 비를 맞으며
청신한 새벽 같은 자신을 내려다본다

따라온 향기

구름이 꽃을 밀어내는
사회교육원 주차장
거친 어미의 손마디 끝에서
바르르 떨다 뛰어내린
모과를 주워들고, 길을 묻는다
색 바랜 마른 잎 어둑해지면
덜커덕 너는 가을 문 열고 들겠지
떨어진 모과를 감싸 쥔 두 손
얼마간 머물다 떠날 걸 알지만
너의 향기는 방안까지 따라와
곁에 살며시 눕는다
깃털처럼 포근한 손놀림에
은은하게 달구어지는 사랑
내 볼은 보이지 않는 노을빛으로 물든다

윈도브러시에 떠밀린 모과 향기
저녁을 밀치고 달아나고 싶은
차창 속 나를
여기까지 따라와
힐끗힐끗 본다

제3부

알을 훔치는 시간

풀

대문 앞 보도블록 틈새
비집고 올라온 잡초에서
뽑아도 뽑히지 않으려는 안간힘을 본다

끈질김이란 저렇듯
누군가를 귀찮게 할 수 있다는 것을
알아버린 뒤
나 달아나고 싶은 저녁이다

조곤조곤 찾아온 빗소리는 반갑지만
대문을 열면 또다시 있을
저 벙글벙글 웃는 풀들을
어찌해야 하나

보고픈 사람 찾아오지 않아
더 깊어진 눈으로
호밋날 들이미는 대문 앞

풀은 떠나고 없어도
잘린 밑동에서 뿜어 나오는 향기
그 옛날의 발자국

하늘 한 모서리

먼 하늘가 어디에도 찾을 수 없는 친구가 있어
먼 훗날 저세상에서나 볼 수 있을 것 같아 더 보고 싶구나

무심했던 내 자신이 끝없이 미워
깍지 낀 손가락을 깨물며
눈물 속에서 네 모습을 떠올려 보았지만
면벽의 시간뿐이더구나

먼저 결혼을 하게 된 나
이유 없는 불안감 서러움 낯선 곳의 두려움에
그날 밤 우린 한 이불 속에서
볼에 넘치는 눈물로 서로의 등을 어루만지며
소리 없이 같이 울었던 친구야

소식 없이 지내는 동안 병고에 시달리다
훌쩍 떠났다는 소식도 없이
시간이 얼마만큼 쌓인 후 네가 떠난 걸 안 그 순간
차라리 나는 잘못 들었다고 믿고 싶었다

눈물에 두 볼이 부풀어도

가버린 친구의 맑은 웃음만이 떠올라
흰구름 떠오르는 파란 하늘가에서
영아야 잘 있느냐며, 갓 핀 조팝꽃 한 가지 꺾어
어둡던 하늘 한 모서리에 흔들어 턴다

감자 수제비

늦은 아침도 아닌 이른 점심때
전화 소리에 정신이 하나도 없다

손가락으로 죽, 화면을 긋고 여보세요

기어드는 목소리 알아들었는지 옆집 친구의 투박한
"아이구 이적 누웠냐" 밥도 안 먹고
감자수제비 끓였다 빨리 온나!

감자 수제비에 눈이 번쩍! 덜 떨어진 눈을 비비고 일어나
점퍼 하나 걸치고 들어서니 앞집 선생댁은
먼저 와 앉아 있었다

먹기 싫은 밥보다 훨씬 잘 넘어갔다
을히야, 국물 조금만 더! 해서
얼마만인지 포만감이 나를 행복하게 해 주었다

이제 얼마나 시간이 더 허용될는지
일변 서글픔이 밀려 왔다

삽십 년 한 동네에서 자식 키우며 같이 살아온 친구들
그나마 모두 헤어지고
지금은 어딘가 아프고 다리 절룩이며
아직은 얼굴 보고 있지만
허무의 안개가 목구멍을 넘어 온다

둥지 속에 키우던 자식들은 어느새 제 짝을 찾아
새 둥지를 찾아 훌훌 떠나고
구수한 멸치국물 냄새가
날 일으켜 세웠던 거다

다음 날의 수제비는 내가 끓일 차례
몇 번이나 끓일 날들이 주어질까

검은 길 흰 융단

길은 가물거리는 가로등 밑으로
어둠을 밀고 간다
저 언덕 위 잠시 내린 가랑비가 젖은 몸 풀어내는 그곳에서
찔레 덤불을 우산인 듯 받쳐 쓴다

앞만 보고 달리다가 아픈 가슴 나를 가로막고
어느새 아침이 길을 닫아 버린 곳은
미움이 잔뜩 담긴 몸속으로 들어와 지퍼로 열린다

꽉 막혔으니 숨결이라도 따뜻해야 하지 않을까
찔레꽃잎 흔들어 검은 길 위에 흰 융단을 깐다
웃음이 보여주던 모래 속으로
흘러온 나의 길은 스며들고 있다

맨드라미 이야기

노을 속에 물들었나 작고 까만 눈이 촘촘히 박힌 붉디붉은 맨드라미 한밤중 멧돼지가 멱 감고 놀다가 깜짝 놀라 달아났다는 맨드라미 개울가 밭둑에 누가 심어 놓았나, 다섯 포기 맨드라미

안 골짝 동네에서 큰 동네 총각에게 시집오던 날 새색시 버선목에 접혀온 맨드라미, 해마다 시집 마당에 피어 친정집 그리울 때마다 눈 맞추며 엄마 생각 그리운 가족 보고파 골짝 밭둑에 옮겨 심었지 고추 따러, 가지 따러 오르내리며 어둠 속에서도 벼슬 세워

그리움 밝혀주던 맨드라미, 소슬한 바람 늦가을 노을빛 따라 서리 내리면 맨드라미 고개 숙여 까만 눈 떨어지겠지

찔림

무덤덤하게 남은 미련이
무엇인지도 모르는데
국민 비서실에서 지정해 준 병원 찾아
팔뚝 걷어 올렸다

탱자가시 같은 주사 바늘에 찔리고 보니
하늘이 노랗다

꿈에서조차 어지럽던 이름
부르고 싶던 황조롱이는
코로나 없는 찔레 덤불 속에서
잘 지내고 있는지

아침마다 매무새 다듬어
여인인 나를 보여주고 싶던
그 겨울의 기다림들이
살아나려나, 내 몸속 백신으로

지나야 할 추위 속에서

세상의 모든 가시 끝이
노란 피 잔뜩 머금었다

헛것

아직 저만치 남아 있는 하루해 속으로
앞집 할머니 유모차 밀고 온다

새끼들 다 자라 떠나버린
둥지를 들여다보는 어미새

나는 얼른 할머니 돌아서 가던 길
잘 가시라고 집으로 들어와
흐르는 눈물을 닦는다

다음 날 점심때인가
대문 앞으로 달려간 해피
무슨 헛것이라도 본 듯, 죽어라 컹컹 짖는데
몇몇 억장 무너지는 한숨 소리가
담을 넘어온다

할머니가 돌아가셨다고 한다
어제 내가 본 모습이 마지막이었던가
나 혼자 눈감고 명복을 빌었다

산다는 것이
바람 속을 절룩이는 온몸으로
빈 수레 하나 밀고 가는 것이었구나

저녁의 진료

해가 서산마루에 걸린 시간
하늘의 진료를 받는다

빗줄기 속에서 느끼던 두려움에
번개와 천둥을 꺼내 놓기도 했으리라

산등성이 넘어온 나 헐떡이는 숨자락을
주치의 앞에 꺼내 놓고 나니
왜 이리 초조한가!

전보다 좋아졌다는 한 마디 말에
영양 섭취 충분히 하시고 약 빼먹지 말라는
따듯한 다짐에
내 눈가는 벌써 젖어 버렸다

언제부터 병원과 나는 불가분의 관계가 된 건지
아직도 문밖엔 비 그치지 않고
하늘은 남은 으름장을 놓는데

이럴 땐 찾아갈 친구가 없다는 게

왜 이리 허전하고 쓸쓸할까

그저 터벅터벅 걸어서
더 먼 하늘가 집으로 돌아가는
그 길 만큼은
질퍽하거나 어둡지 않았으면 좋겠다

알을 훔치는 시간

종잇장 같은 담장 사이에 두고
알 낳을 자리를 찾아 암탉이 골골거린다

좁은 계사 한쪽에서 알을 낳느라
끙! 소리 들리는 담장 이쪽에선
세탁기에 빨래를 돌리다 말고
조용히 귀 기울이고 있다

시간은 초여름 석류나무 그늘 아래
움막 속에 들어선 분침이
정오의 정점을 찍으려는 순간

산란을 마친 암탉은
임무를 끝낸 성취감에 꼬꼬댁 꼭꼭 두세 번
자축의 노래를 수탉에게 들려준다

젖혀 두 발에 힘주며 암탉 등위로 돌아
수탉은 '수고했어' 목덜미에 부리 걸치고
어김없는 애무의 동작이다

세탁기는 어느덧 헹굼을 멈추고 탈수를 시작한다

사랑을 나누는 그들의 이야기가
나를 갓 낳은 알 만져보게 한다

그 옛날 만져본 따듯한 체온
수천 번 세탁기를 돌리고 또 돌려도
그 느낌은 씻기지 않은 채, 기억 다발로 만져진다

따라온 빗길

살면서 처음 백치의 순간이 되어, 두 손을
핸들에 매어둔 채
지나치는 차 한 대 없는 악천후 속을
급박감에 튀어 올랐던 거다

계기판 최대한의 속도를 밟으며
그날 밤 난 폭우 속을 달리고 있었다

"미안했다, 고마웠다 나와 사느라고"
마지막 길 떠나는 그 고비에 남긴 그의 말
헤어짐의 순간에야 솔직해지는 것인가

조수석 의자에 눕혀 둔 그가, 던지는 한마디 말이
힘들었던 순간들도 허공으로 사라지게 했다

오늘도 빈집 조용히 혼자 문을 밀고 들어서는데
후드득 떨어지는 빗방울이 말을 건다

허공 그 무아의 공포에 나는 지금
오래 마르지 않을 머리를 흔들어 턴다

그저 아득히 멀고 먼 그 길이, 빗줄기 타고
나를 따라온 속도위반 통지서
대문 안쪽에서 나를 다독여 주고 있다

새똥

새는 예쁜 꽃에는 정말 똥을 싸지 않는 걸까

스물 몇 살 때였던가

풋풋한 보리밭 들길을 걷다가
오렌지빛 블라우스 어깨 위 쫑쫑
놀라 고개를 드는 순간
하얀새 찔끔, 똥을 가슴언저리에 흘렸다

어머나! 속상해
그만 할머니 집에서 대구로 와 버렸다
그해 마지막 달 결혼을 했다

얼마만큼의 강물이 바다로 흘러가버린 지금도
새소리가 들리면 사방을 둘러보는 내 버릇

사람들이 살아가는 여정은 대개
대문 열고 들어가면 그 집이 그 집, 이라 하고

돌아보면

그저 별일 없이 살아 큰 불행은 없었지만
어쩔 수 없는 욕심에 멈출지 몰라
투덜투덜 거리지만
이제는 어른이 되어 가는가?

비워버릴 때가 다가오는 듯
내 짐 무거워 내려놓고 싶을 때가 있다

그날의 새가 얼마나 마려웠으면
꽃인 네게 똥을 누었던 것처럼

꽃비, 매듭

바람이 불어 후루룩 꽃비가 얼굴을 스칠 때면
소녀로 돌아가 잠시 돌아온 봄을 만나고 싶다

메아리를 물고 깊은 숲속에 들어
되돌아나갈 길을 잃고도 싶다

먼 하늘가 뜨락을 내려서는
반쯤 비추는 달빛을 계단 삼아
풀리지 않는 그 허공의 매듭을 풀어
너울너울 멀리 보내고 싶지만

은은한 라일락 향기 덤으로 채운 반쪽 가슴

며칠 전 수술한 손가락
팔짝팔짝 찔러대는 매듭을 안고
어쩌나 어쩌지 박혀 있는 고통의 이불 속에서
사르르 꿈속으로 걸어가는 나

꽃다운 소녀로 돌아와서는
아직 다 자라지 못한 반달을 데리고

무얼 더 기다릴게 있는지, 엉거주춤

가려는지 오려는지, 길을 물어보기도 한다

호랑나비 연가

간밤 비에 씻긴 면사무소 주차장 바닥
차에서 가볍게 내리는 순간
눈앞 겨드랑이에서 호랑나비가
무거운 봄을 들어 올린다

등에 검은 점이 찍힌 호랑나비
호기심에 중심을 잡지 못해
기우뚱거리는 날개여도 혼신에 힘을 다해
날개 펼쳐 내 등에 오른다

하늘 향한 내 날개의 기도가
내년이면 싹 틔울 꽃의 씨앗에게도
발밑에 기분 좋은 스프링을 달아주려나

귓가에 그리웠다고 속삭여 준
호랑나비는, 지금 젖은 날개를 말리러 간다

너럭바위 위에 젖은 봄 누이다가
인적 드문 산길로 들고 있다

알약이 되어

어둑한 길에서 만난 나무가
팔 벌려 누군가의 아픔을 만져준다는 것은
오롯이 외로운 내가
서러운 나를 안고 있는 것이다
쓰다듬듯 어루만져 주지 않아도
두근두근 들려오는 심장 소리에
아무것도 해줄 수 없는 나는
얼마간의 고통을 입김으로 덜어줄 뿐이다
알라딘의 마술 램프를 켜고
판도라의 상자에 숨겨둔 알약을 꺼내어
그 묘약, 한 알의 신비라도
그대 부르튼 입에 넣어주고 싶다
한갓 전설이라고 할지라도
구비 많은 그 길에서 서로에게
기대고 싶은 마음이 들 때
몽글몽글 맺힌 꽃망울로
그대 지친 어깨 위에 살포시 얹어주는
위로의 손짓이 되고 싶다

제4부

겨울나무가 사는 법

묻어둔 이름

오래전 정겨운 친구가
이월이 다 가기 전에 찾아올 것만 같아서
자꾸만 흐린 유리창을 닦는다
정월 추위 속에 묻어 두었던
모과나무 묵은 가지, 터진 살갗 속에서
알 밖으로 꺼내 달라는
애벌레 초록 숨소리를 듣는다
연인처럼 다가오는 햇볕이여
나이테 금 하나 더 보태어져도
오늘이 이 세상 마지막 소풍날인 것처럼
꼭꼭 숨은 술래를 찾다가
눈을 차마 뜰 수 없어 더듬는 손끝
나는 만진다, 뭉클하게 그립던
초록이여, 고독이여

정월에 남긴 손자국 끝에서
자꾸 희미해지는 이름을 쓰다가
서로의 가슴에 꽃불을 지핀다

공포가 꽃으로 피다

여문 약콩 같은 두 눈 이글거려서
뚝뚝 불꽃 칸나는 필 것이다

덩치만 커다란 내 멍청한 가슴
난타의 북소리로 둥둥거렸다

끙끙 어쩔 줄 몰라
도어 잡고 두 손 부르르 떨었다

보일러실 배수구를 통해 올라온 쥐를 잡으려다가
쩍쩍 달라붙으라고 놓아 둔 쥐약
붙은 등 떼어내려다가
현란한 요동 순백의 두 톱니에
내 손가락이 썰렸다

손톱까지 빨갛게 저절로
꽃물 들일 줄이야
열 살짜리 아이처럼 나는 울었다

진회색 살덩어리에게 느끼는 두려움

쥐는 젖 먹던 힘을 다해
이빨이 모은 힘으로
폭염에 둔감해진 나를 깨운 것이다

겨울나무가 사는 법

바람에게 길 터준 뒤로 살갗이 아리다
머물던 잎들 훌훌 떠나보내고
눈 들어 바라보는 허공 위
편대의 기러기들 날개짓 소리 가득해졌다
그렇다고 발가락까지 움츠릴 수는 없지
돌아다보면 남은 둥지는 적막하고
입술 총총거리던 아이들, 안부가 궁금하다
화려했던 수식어 나를 버려서야
버석거리는 풀숲으로 뛰어가는 어린 토끼
허기진 겨울을 잘 견뎌
붉어진 눈알의 꿈 허물지 않기를
세상 끝나는 날까지 두 손 모으며

길, 아련한

강둑 따라 걷다가
모퉁이 돌며 마주한 달
은은한 호롱불 비친 창호지문 같아
정겹다
아무도 보는 이 없는 곳에서
혼자 듣는 개구리 우는 소리가
와글와글 글 읽는 소리로 다가오면
이슬로 지은 아침의 문에서
얼굴 살짝 내미는 그대는
꽃 핀 살구나무
강둑 따라 흘러온 모든 기억들
달물에 발을 씻는 그 집
반쪽인 내 마음이
낮 지나고 밤이 또 찾아오면
댑싸리 쑥쑥 자라나는
그 집 마당은 길의 끝
달려온 스무 살이
돌아갈 길 더듬다가
등 돌리고 앉아 있다

종착역에서

한여름 뙤약볕 가둬둔 고무통
내 얼굴만 한 토란잎에서 물 먹은 별 하나 떨어진다

흔들림도 어둑해지는 하늘가
울먹울먹 이동 침대에 밀려 슬그머니 감아버린 눈망울

공포에 질식이나 한 듯, 내용 없는 생각들을 담고
넘치는 여운 눈가는 젖은 채
우린 얼마나 긴 시간을 달려왔던가

무엇을 잡으려던 젊음의 몸짓은
밀려왔다, 밀려가느라 거품만 남기기에 바빴구나

사방의 고요가 적막에 휩싸일 때
가만히 일어나 춤추는 저 토란잎

오래 씻긴 모래의 눈빛을 밟고 올
마지막 버스를 기다리고 있다

적벽송

하늘에 눌린 천년의 시간
갈라진 바위틈 붙잡고
외발로 서 있다

발아래 운해 움켜쥐고
태어남과 죽음이 반복되는 순간에도
솔잎 하나 떨어뜨려
살아있음을 알리는 미동

아찔한 빛에 가려진 욕망
슬며시 내려놓은 자리

운무가 옮겨 놓은 발자국 따라
날아오르려는 솔씨

가볍다

푸름을 더 푸르게 뭉개야
나도 푸르러질 수 있겠다

장마 일기

장대가 젖고 마당이 젖어
흘려보낼 일만 분주하게 남았다
비에 발목이 잡힌 자리
거뭇거뭇해진 살갗에서
번지던 검버섯을 흠씬 두들겨 깨우는 비
소매 걷어 부치고 밀쳐내도
얼룩 마당 한가운데 내려온 비는
숨 막히는 절정을 뚫고 있다
어떤 질타에도 끄떡끄떡
좁은 우산을 내팽개친 한 여자
산맥을 걸어온 우리 앞에서
한 번 더 소매를 걷는다
머리에서 발끝까지
도시에서 묻혀온 찌꺼기 슬픔이
지워지지 않던 잔재의 껍질 속
흰 버섯 몇 개를
우산처럼 밀어올리고 있다

7월-陸史 풍으로

열린 청포도가 주저리 주저리
익어가는 칠월이 오면
이육사 님의 시가 생각난다

눈 맑은 아이가 하얀 은쟁반에 받쳐온
청포도 한 알을 모시 수건으로
말갛게 닦아 깨물면
나도 상큼하고 달콤한
환상의 맛에 들 수 있을까

우기 1

우산으로 얼굴을 가리고
생각은 젖게 놔두고

종일 빗소리 끊이지 않아 지겨워진 나
아낙이 우산을 들고 대문 앞에 섰다가
지나가는 아낙의 푸념을 듣는다

"이놈의 비는 벌써 며칠째 그칠 줄을 몰라"

질척거리며 떨어질 줄 모르는
한 놈도 그렇다고
나에게 동조의 대답을 기다린다

내 대답은 "글쎄요"

우기 2

눅눅해진 이불이
창밖에 오는 비 때문이라고
나를 끌어 덮는다

빨리 잠들려고
꿈속에서도 비는 내리고
흐트러진 잡념 속 나는
허우적거린다

눈을 뜬 아침은
내 얼굴에도 붉은 해가 비치려나

우기 3

마트에서 산 방울토마토

"말갛게 얼굴 씻기는 물도
하루 한두 번이면 반갑지
몇 시간만 내려도 가지는 무거워지고
얼굴에 지렁이가 기어다니는 것 같아
싫어 싫지 않니?"

하얀 팩 안에서 나를 올려다보며
빠른 대답을 요구한다

우산을 쓰고서도
젖어버린 어깨가
혼자여서 서럽도록 흔들린다

옹달샘에서

산속 길을 혼자 걷다가 목마름에 찾은 옹달샘에서
한 줄기 희미한 빛이 보였다

물처럼 꽃은 여전히 피고 날갯빛 산새도 다녀갔겠다
장막처럼 둘러선 나무들처럼 새악시처럼
웅크리고 앉은 샘물은 연주자도 지휘자도 없지만
일렁이는 기록을 눈 안에 쓴다

한 치의 양보도 없이 넘칠 때마다
흘려 보낸 나 때 묻지 않은 인생을 배운다
먼저 온 표주박 속에서 버들잎 하나 띄워 두자

화장, 오랜만의

오전 아홉 시의 마당은
잊어버린 줄 알았던
내 이름에
꽃바구니를 배달한다

웬 꽃?
동공이 커다래진 나를
해피는 이상한 듯
한참을 올려다본다

낯선 목소리에 대문이 열리는 순간
찾아온 황홀에
뿌듯하게 안겨오는 꽃들

리본 속에 쓰인 내 이름
다시 확인하는 나
누군가 나를
꽃으로 기억해주었다는 사실에
배달된 바구니 속 꽃의 이름을
하나씩 호명한다

바짝 화장대 앞에 당겨 앉아
눈 밑 그늘이며
구석진 곳 찾아
분첩의 두껑을 연다

세상의 지하

지하는 이제
얽히고설킨 뿌리들의 세상이다
길이 끝나는 곳에서
길은 다시 시작되고
나무가 하늘 향해 팔 벌린 만큼
뿌리는 지하의 반경을 넓혔다
지하는 이제 지상에서
지친 자들을 포근히 감싸주는 요람이다
반월당 지하주차장이 그렇다
몇 바퀴를 돌아온 그곳이, 그곳이어서
길을 잃은 나는 구조 요청 전화를 건다
3차원과 4차원의 차이
혼자서 생각하고 혼자서 답하던 하늘이
포기를 택하려던 그 순간에
희망을 보여준 곳도 지하
나는 잔뜩 켜진 알전구 사이로
잊고 있었던
새의 이름을 부른다

제5부

지금은 떠나야 할 시간

민들레 사랑

나 혼자 눈을 뜬다
천장에 매달려 있는
전구 속에도 민들레는 살고 있다
둥글게 둥글게 모여서
밥 먹고 이야기하고
하나의 가족이란 이름으로
겨울밤을 견디고서야
노랗게 피우는 꽃
늘 혼자서 눈을 뜨는 나는
망망한 바다에 떠 있는
종이배 같다
넌 누굴 태우러 왔는지
보고 싶은 얼굴은 있는지
아지랑이 길가에 나와서
성큼성큼 걸어올 사랑 만날까
처녀처럼 사뿐사뿐
눈 감고 걸어본다
눈 뜨고 걸어본다
빛으로 뿌리내릴 땅이
자꾸 멀어지더라도

도처의 불안

풀벌레들은
저녁이면, 언제나 한 곳으로 모여들어
서로 불안의 안부를 묻는다

멀리 있는 피붙이에게도
어디 아픈 데는 없는지
흔들어야 할 날개의 속도를 묻는다, 했다

희미한 박동 서로의 심장에도 귀를 대는 것

불안한 시대를 건너는 일에도
불운의 시대를 건너는 아버지와 편안함이 길들여진 아이들은
서로 손 잡지 못해 두는 거리감

도처에서 불안의 씨들이
우중충한 구름을 몰고 와서
창궐을 멈추지 않는 바이러스들

어쩔 수 없음마저도 뒤로한 채
이제 우리의 저녁은

한 번도 보지 못한 별

따뜻한 등불 아래 모여 오순도순
서로 손잡아 줄 때가 된 것이다

물방울 사랑

열일곱 댕기머리 소녀적
우리 엄마 강변에 빨래할 적에
바람 막아주던 그 자리
탱자나무 푸른 벽 뒤에서
누군가 자꾸 퐁당퐁당 돌을 던지더래요
처음엔 속까지 익은 탱자가 떨어지는가 싶었는데
가시 틈 숨어보는 남자의 눈
꿈에 본 백마 탄 왕자님 눈길을
보고서야 말았더래요

물결은 흘러서 둥둥 뜬 낙엽들은
아버지 떠난 하늘길 입구로 몰리고
밀려오는 눈물 자꾸 참아내던 구절초는
멀리멀리 바라는 시늉을 하다가
뼈마디 우두둑 허물어져 내리는 늦가을

몰래 빨아 널은 어머니 계절은
퐁당퐁당 물방울 닿은 가시의 끝
놀란 늑대 울음에 그만
빨갛게 부풀어 올랐다지요

목련나무, 푸념

까치 한 쌍이 솔가지 사이로
서로를 스치며 오르락내리락
까악까악 나누는 정담입니다
떨어지는 자목련
빛바랜 꽃잎 속에도
토닥여 주는 손길이 그립다는 걸
나 뒤늦게야 알았습니다
어느새 봄은 저만치 달아나고
떠난 자리에 남은 건
파란 손, 팔순 넘긴 노부부
서로를 그냥 바라보는 눈매에
나 울먹해집니다
떠나는 것들은 모두
사랑했던 기억의 일부였으니
다시 혼자가 된다 해도
나 서럽지 않겠습니다

마지막 들풀

짙푸르게 흔들리던 가을 풀숲에
인동열매 붉은 입술만 남았다
큰 꽃들 먼저 떠나간 자리
작은 꽃들 악착스레 두려움 밟고
마디마디 터트리는 발열
낯익은 것 같아서 무릎 낮추고
눈까지 마주쳐 보면
멍구 할매도 나의 엄마도 사촌 언니도
꼭꼭 먼저 밟고 간 발자국마다
동박새 초경 냄새다
가시가 가시를 밀어내었다 해도
풀등이 칼이 되어 발등 베었다 해도
떠나보내는 마지막 초혼가는
명년에 다시 돌아와
푸른 두 팔 들어 올리는 것
벌레의 비명을 거두는 풀
마른 베적삼 안쪽이
깨어날 알을 돌돌 품어 안았다

봄꽃의 안쪽

밤늦은 시간 이유 없이 밀려드는 짜증에
별 볼일도 없이 창문을 흔드는 별이 밉다

이불은 자꾸 자신의 품에 들라 하고
무거워 밀려나지 않는 가슴의 납덩이
높이를 만질 줄 모르는 정월의 달력은
오래된 담장처럼
허술한 귀퉁이부터 허물어져 내린다

아무런 생각 하고 싶지 않아
저절로 넘어가고 말 뒷장을 두고
머지않아 필 봄꽃의 안쪽을 만지는 나
노오란 개나리인 듯, 별을 향해 손을 뻗는다

먼저 애마를 끌고 떠난 그대는 지금쯤
얼마만큼의 거리에 있는 마장에 들어
지친 고삐를 묶고 있을까
나는 어디로 갈지 알지도 못하면서
자동차 시동을 켜려고
잃어버린 속도를 매만지고 있다

봄나무 아래서 꾸는 꿈

간밤 꿈의 귓불에 닿던
몸통 시커먼 벚나무의 숨결들
간지러운 속삭임들을
얼음장 밑에 모아 둔다

얼굴 마주한 연인들이 비치고
아기 손톱만한 꽃비가 흘러내릴 때
먼 산은 희뿌연 속살
분홍 속옷 갈아입는다

발등 간질이는 치맛바람
한동안 초록 속에 묻혀 지낼 내 꿈은
어디쯤 산들산들 걸어오는가

구름은 자유롭고
갓 깨어난 나비의 날개가
헐겁게 지우는 공중에서
다발로 맺힌 한 여성의 생
초록을 버리고 붉음을 버리고
검게 익어가고 있다

어제나 오늘이나
날개로 저울질하는 행복의 무게는
늘 같아도, 봄나무 아래서 꾸는 내 꿈은
쓴맛을 뛰어넘은 단맛에
혀뿌리마저 길들여지고

회상의 강

앞서가는 그림자 따라가며 밟고서도
잃어버린 그림자를 찾겠다고
강물 건너는 달을 본다

쪽빛 외투를 걸쳐 입고도
숨 가쁘게 달려오는 물너울
나는 바위에 부딪히면서도 포말의 노래로
수평선 너머를 그리워했던가

기쁨 뒤에는 소멸의 물방울이 생겨나겠지만
오늘의 사랑을 매만질 수 있다는 건
먹장구름 뚫고 나온 달의 축복

백 년을 더 흐르고도 아직 강은 굽어있고
몇 번인가 옮겨진 백사장은
떠나간 물새의 발자국을 기억한다

뒤척이던 꿈에서 깨어난 나
달인 그대가 그리웠다 써내려 간
시를 받아 적겠다고

흰 종잇장처럼 누워
풋잠에 드는 달의 푸념에 귀를 적신다

눈을 기다리며

나뭇가지들 신음소리 들리는 동짓달
휴대폰 연락처를
밀어 올리던 손가락이 멈춘다

잊고 있던 사람이 아주 잊혀지려
나무가 서 있던 자리에서 멀어지는 가랑잎처럼
굴러가며 거듭하던 탈색

다정하게 이름을 불러주던 목소리가
평생을 끼고 살던 소주병 너머로
듬성듬성 눈발을 부르는가

제 할 일만 하다가
돌고 돌아와 선 그 자리
헛도는 나사못처럼 나는 너를 밀어 올리지 못하고
무심했던 내 이름 그에게서
천천히 지워지고 있는 건 아닐까

삭제 또한 순리라면 순응할 수밖에 없는
지워도 지워지지 않는

녹아 물로 흘러갈 그대 이름을
눈송이마다 새긴다

각시붕어 수목장

혼자 있음에 익숙해진다는 것은
어항 속 각시붕어가 심심하지 않게 바오밥나무가 되는 거다
꼬리를 엮어가며 놀고 있는 물고기 다섯 마리
유리 상자에 가두어 두고
내가 밥을 먹을 때 빨간 스푼으로 말린 새우 가루를
수면 위에 너도 배고프지? 뿌려주는 거다
뻐끔뻐끔 함께 한 방향으로 몰려다닐 때도 있지만
헛헛해진 내 기분이 물풀처럼 흔들릴 때면
인조 바오밥나무 뒤 숨은 두 마리는 뽀뽀를 보여주는 저 다정
가끔은 탁한 물을 맑은 물로 갈아 주듯
그들은 혼자인 나를 마르지 않게 한다
어쩌다 각시붕어가 수명 다해 죽기라도 하면
뻣뻣해진 등 비늘에 펑펑 눈물로 발인을 마친 나는
제법 둥치가 굵은 천리향 뿌리 아래
수목장인 듯 시신을 안치한다
꽃봉오리 피는 날이면
꽃보다 먼저 분홍 지느러미 흔드는 물고기는
흐르는 향기로 꿈속을 찾아오리라
혹은 가보지 않는 꿈 밖에서
다음 생은 고래로 태어나라 한 나의 발원에

너의 돌아오는 기척을 흔들리는 물살로 알아챈 나는
천리를 건너온 너의 향기에
코를 벌름벌름 거려 보는 거다

영산홍 편지

고사리 같은 아기 손 벌어
호수에 미끄러지는 잔잔한 햇살을
휘젓고 싶다

영산홍 피면
와락 품어줄 당신의 호수에 가서
붉어진 얼굴
나, 물의 거울에 비춰보리라
피다가 지다가 피다가

성서 네거리

뒷산을 내려올 때 언덕에 걸쳐 있던 붉은 해가
성서 네거리를 돌아서는 길 위에선 어느새 핸들 옆
백미러 속을 온통 빨갛게 채워 버린 채 오늘을
밀어내고 아득한 기억 속 어느 날을 더듬고 있다

미움이 만연했던 어떤 시간 속에서도 언제나 내 분신을
바라보듯 측은함도 그리움도 뒤헝클어진 사내의 얼굴이
다가왔다 밀려갔다 정지된 차량 사이에 머물다 사라진다
언제나 지는 해는 그리움을 가져다 줄 뿐

내일 아침 동틀 시간 내 마음 빈 방 가득 햇살을
채우려면 서편 길을 달릴 것이다 동편 붉은 해가 내
사랑하는 애마 백미러에 꽉 차오르게—

파란 풍선

두 손 가는 곳 어딘지 몰라
바닷물 한 바가지 퍼 올린다

미움도 서운함도 겹겹이 쌓여서
의미의 시간이 될 때까지
숨죽여 잠재워 두었던 풍선을
머리 위에 띄우고 아장아장 걷는다

마음 가는 곳 피는 들꽃들
방향 지시등 켜지도 않은 채
고집스레 하늘로 고개 쳐든 들길

등에 새긴 문신처럼
지난날은 지워지지 않은 채
뜨거운 사막이 되어
다시 떠오를 배를 기다리고

얼음조각에 이가 시리도록
깨물어 보았던 모래사장
저 혼자 밀려왔다 밀려가는 포말에

나는 시린 발목을 담근다

들길도 바다가 되어
수평선 그리워하는 해변에서
빛바램도 설렘이 되는
풍선의 의미를 본다

손 잡아주던 그대 떠나고 없어도
나 아직은 그대 안에서 살고 있어
둥둥 온몸이 가볍다

물너울

행복이, 슬픔이 무엇인지 모르던
내 첫 번째 스무 살. 눈 내리던 어느 날
아버지 손목을 놓아버린 채
미끄러지듯 미로 속으로 가고 있었다

내 두 번째 스무 살은
수평의 나날에 핀 창포꽃에게
눈물 맛 돌팔매를 던졌다

갓 열 살 넘긴 시절 할머니 집
앞마당에 살구꽃 피던 날
민며느리적 시집살이 이야기를 듣던 그 밤 속으로
세 번째 스무 살은 지나가고 있었다

갓 화장하고 나온 노을이
다시 오지 않을 그 얼굴로
내 삶의 여운에 뜬 마지막 무지개를
야금야금 갉아 먹었다
아직 오지 않은 네 번째 스무 살은

어둠을 뚫고 돌아올 풀씨를
슬픔이 지나간 물너울에 놓아 준다

지금은 떠나야 할 시간

내 마지막 정착지는 황금빛 동산이다

친절하던 이웃들은 남김없이 모두 가 버렸지만
초록 물들었던 젊은 가슴은
그해 여름 뜨거운 햇살을 기억한다

피었다가 지는 꽃들은 마지막 씨앗을 낯선 지상으로
마지막 씨앗을 옮기려
마지막 가을날 만장을 내다 걸었다

거센 바람에 못다 버린 지난날들
흔들리고 부러지면서 먼 하늘을 향해
또 다른 사랑을 하고 싶다고
대궁 마른 들꽃 한 움큼 꺾어 여울목에 던진다

입술에 남긴 이별 자국이 깊을수록
따라 걸으며 우짖는 새의 목청이 구슬프다

부탁의 시선 던져보는데도
빈 가지 꺾어지는 겨울나무는

우지끈! 이게 삶의 소리라는 듯
오래 안고 있던 하늘을
물소리 그득한 바닥에 내려놓는다

해설

고통과 사랑의 언어, 그 내면의 붓끝

— 마음과 영혼을 지닌 인간에게 어찌
문장이 없을 수 있겠는가? (유협, 『문심조룡』)

김 상 환
(시인)

1.

반유림(潘唯林)의 '반(潘)'은 하나의 소용돌이다. 그 알 수 없는 시의 소용돌이에는 오로지 그녀만의 숲이 있다. 하지만 존재론적 차원에서 '반유(半有)'는 사물의 유, 또는 유로서의 사물 속에 무가 내재해 있다는 말이 된다. 이 무-유와 음양, 죽음이란 생명은 우리가 한 편의 시를 읽고 쓸 때, 또 시적인 것을 사유할 때 충분히 숙고해야 할 주제이자 방법이다. 시의 아름다움과 비밀은 결코 단선적인 데 있지 않다. 이 과즙과 뻘밭 같은 혼(混,魂)의 세계는 오로지 반유에 있다. 그런가하면, 반유림은 시인이기 이전에 대한민국 서화전과

매일대전 서예 부문에 두서의 성적을 거둔 서예가이다. 시서화는 이름만 다를 뿐 그 근본은 하나('시화일률 詩畵一律')이며, 그렇듯 시와 그림의 창작 원리와 경지는 다르지 않다. 일설에 의하면, 시와 그림은 모두 하늘의 창생술인 천공天工과 합일하여 기운이 청신한 작품을 창출하려는 작가의 마음 속 뜻을 나타낸 것이다. 고려조 문인 이인로의 경우, 시와 그림은 오묘함에서 서로 근원이 같다(詩與畫妙處相資, 「海東耆老圖」). 이는 시화 뿐 아니라 서화나 시서에도 통한다. 서화에 출중한 추사의 만년 서화에는 그림으로서 〈자화상〉과 글씨로서 〈谿山無盡〉이 있다. 노구의 몸이지만 파란한 삶과 그 너머를 꿰뚫어 보는 〈자화상〉에서 「果老自題」라는 화제("是我亦我 非我亦我 是非之間 無以謂我: 나라고 해도 나고 내가 아니라 해도 나다. 나고 나 아닌 사이에 나라고 할 만한 게 없다.")에는 선시(禪詩)의 풍모마저 느껴진다. 그리고 '谿山無盡'이란 서체에는 자의(字意)도 자의이거니와, 공간의 미학적 구조가 크게 돋보인다. 통유(通儒)인 추사의 서화에는 다함이 없다. 문제는 서법이나 서도의 세계란 것이 기실은 한 일(一)자를 기본으로 한 확장에 지나지 않는다는 점이다. 하여 《노자 도덕경》에서 "하늘은 하나를 얻어 맑고, 땅은 하나를 얻어 안녕하고, 신은 하나를 얻어 신령스러움을 얻고, 골짜기는 하나를 얻어 가득 차고, 만물은 하나를 얻어 생겨난다. 天得一以淸, 地得一以寧, 谷得一以盈, 萬物得一以生."(39장)고 하지 않던가.

2.

이번 첫 시집 『담묵으로 번지다』의 서시에 해당하는 「석양의 필법」에는 이런 경계가 잘 나타나 있다. 다음은 시 전문이다.

서쪽 하늘에 걸린 놀
마지막 산봉우리가 아름답다 습기 찬 손거울
희미하게 나의 손, 고삐처럼 움켜쥔다
예의 그 자리에 서 있는 당신은
떨어지는 해의 끝자락을 잡는다 내 붓은
행서에서 초서로 내려 노루 발바닥만큼 남겨둔 자락에
낙관을 찍는다

날은 어두워져 바람 불어와 마지막 남은
미루나무 잎새는 겨우내 빈손이다
오늘도 맨발로 머물다 어둠이 내리면 나를 따르던
발자국들 엎드린 채 잠이 든다 시린 발목에다
방금 갈아놓은 먹물에 내가 지워지기라도 하면 어쩌나

풀잎처럼 휘어진 초서의 한 구간이 담묵으로 번진다
먹물 듬뿍 적셔 내려 뻗는 붓끝은 떠오르는
아침 햇살을 온몸으로 맞으라는 어떤 암시
팽팽한 어둠 뒤에서

무청처럼 파란 하늘 볼 수 없는 것은
새벽다운 새벽을 만나지 못하는 것은
어쩌면 나의 오랜 늦잠 때문
아니, 잠 속이라도 필은 살아 있으려나

—「석양의 필법」 전문

하나는 아름다움이다. 석양이 아름다운 것은 검붉은 빛과 색이 뒤섞여 경계의 경지를 드러내 보이기 때문이다. 멜란지(melange)로서 시의 혼(混,魂)은 어디에 있는가? 산정에 걸쳐 있는 저녁놀의, 이 아름다운 진리는 "습기 찬 손거울"처럼 희미하고 모호하다. '나'는 하늘과 땅을 잇는 예의 그 자리에 서 있다. 그것은 내 마음의 사랑이며 공간의 연인이다. "해의 끝자락"이다. 그리고 갈앉는 듯 다시 솟구쳐 오르는 붓끝이며, 마침내의 낙관이다. 행서에서 초서에 이르는 길, 즉 시와 마음의 길은 먹빛의 농담(濃淡)과 번짐에 있다. 그친 듯 이어가는 붓의 끝은 유무상생(有無相生)의 지점으로 얼마나 아름다운 몸짓인가. 하나는 깊은 어둠이다. 비어있음("빈손", "맨발")이며 머무르고 싶은 순간이다. 비어있음으로 충만하고, 머무르기에 고요하며, 우리는 근본으로 돌아갈 수 있다. 깊은 어둠으로서 고요는 한 가지에서 피어난 벚꽃과 매화꽃이 서로 어우러져 향기를 품어내는 것과 같다. 대승기신론의 핵심 사상이 그런 것처럼, "하나 속에 전체가 살아 있고 전체 속에 하나가 살아 있다. 개체가 그 안에서 진실로 살아 있는 조화로운 전체가 우주의 진리이고 일심이다." 하나의 어둠은 모든 것을 지우고 남은 먹[墨]이자 무(無)이다. 그 먹과 물의 깊이와 어둠은 침묵의 현상으로서 "사물을 그 자체에서 사물로 머물게 한다. 하나는 검은빛이다. 그것은 "떠오르는/ 아침 햇살을 온몸으로 맞으라는 어떤 암시"이며, 붓끝의 희망이다. "풀잎처럼 휘어진 초서의 한 구간(이) 담묵으로 번" 지면, 담묵의 번짐으로 나와 세상은 잠에서 깨어나고, "새벽다운 새벽"을 맞이한다. 비로소 "무청처럼 파란 하늘"을 볼 수 있다. 늦잠으로 괜한 걱정과 근심으로 이 아름다운 풍경을 매양 놓치는 나에게 서예는 더 이상의 기술이 아니라 서법이다. "팽팽한 어둠(의) 뒤"에서 끊임없이 자신을 성찰하는 도구이다. 나의 필이 살아 있는 한, 모든 것은 기우에 지나지 않는다. 이 한 편의 시는 시집 전체를 관통하는 시혼이다.

서정시의 위의와 가치는 어디에 있는가? "어떻게 하면 내 슬픈 기도가 하늘에까지 닿으랴?/ 당신도 욥처럼 내가 태어난 날을 비통해 하며/ 엉엉 울어본 적이 있는가?/ 몇날이고 잠 못 이루며, 그 영원한 외로움을 이겨내 본 일이 있는가?"(에밀 시오랑, 『내 생일날의 고독』). 고독과 구원, 탄생의 비극을 마주하고 하늘에 가 닿으려는 이 지극한 마음, 지극한 말이 시라면, 시오랑의 말처럼, 왜 인간은 고통과 사랑 속에서 서정적이 되는가. 삶의 결정적인 시선과 순간에만 서정적이 된다는 것은, 서정시가 하나의 형태나 체계 너머에 있다는 사실을 말해 준다. 아닌게 아니라, 반유림의 이번 첫 시집은 세련된 기교나 변화의 묘는 크게 약화되어 있다. 하지만, 고통과 사랑, 기억과 상처, 시간과 자아 등에 대한 내밀한 생각과 감정, 진정성은 부인할 수 없다. "쓴다, 고로 (나는) 아프다 Versifico, ergo doleo."는 라틴의 경구처럼, 그녀의 시는 아프다. 이 아픔은 어디서 오는가…

> 초록물이 흠뻑 들지 않아서/ 물조리를 든 내 마음은 연둣빛이다// 며칠을 두고 꽃샘바람이 불고/ 오락가락 비를 몰아 다녀가더니/ 앙증스런 꽃봉오리 매달았다// 지독한 약물에 취한 지난해/ 엄마 둥치 옆 겨우 자라난/ 초롱초롱 매화나무 다섯 가지// 혹여나 겨우내 물 준 내 마음을/ 기어이 살아내는 일로 보답이나 하려는가// 예쁘고 사랑스러운 우리 사이의 사랑/ 깊이 아끼는 마음속에는/ 내가 눈빛으로 만져주는 가장 좋은 답례/ 그건 네가 꿋꿋하게 살아가 주는 것// 사랑하고 싶고, 사랑받고 싶어서/ 내 막혀 있던 오감의 마디마디/ 흰 매화는, 말라 죽은 어미 곁/ 흰 열꽃 톡톡 터트려 매달고 있다
>
> —「꽃잎들, 아픔을 딛고 일어선」 전문

에서 보듯이, 검은 매화 등걸에 희고 붉은 꽃잎이 피기 위해선 몇날 "며칠을 두고 꽃샘바람이 불고/ 오락가락 비를 몰아" 와야 했고, 특히 나는 "지독한 약물"을 혼자 견뎌내야 했다. 꽃잎이 피어나는 일은 생의 의지이며, 사물과 마음 사이의 연둣빛

사랑이다. 깊이 아끼는 서로의 마음이다. 내 막힌 오감을 마디마디 열어주는 꽃잎들은 순수한 가능성으로서 흰빛을 띠고 있다. 가장 오랜 매화나무에서 가장 새로운 꽃잎이 피어나듯이, 시의 아름다움과 깊이는 오래된 새로움에 있다. '흰 열꽃'이란 말처럼, "겉은 서늘하나 안은 열한" 것을 두고, 지용은 시의 위의(威儀)라 하지 않았던가. "붕대 속 상처에 새살(이) 돋아나(듯)"(「밀쳐버린 겨울」) 아픔을 딛고 일어선 주체는 자연과 인간이 크게 다르지 않다. 시인은 이 고통이라는 사랑의 비밀을 진작에 알고 있다. 고통의 시학은 「겨울나무가 사는 법」에 오게 되면, "바람에게 길 터준 뒤로 살갗이 아리다"에서 보듯이, 보살핌의 윤리와 감각적인 사유로 드러나 있다. 여기서 가슴과 '살갗이 아리다'는 것은 단순한 신체적 통증이 아니라, 마음의 깊은 곳에서 느껴지는 연민의 감정을 말한다. 결국 겨울나무가 사는 법은 나를 버리고서야 가능한 일이며, 꿈을 허물지 않아야 한다. 반유림의 시는 하강의 심리와 부정적인 감정에 기울어 있으면서도, 말과 삶의 균형을 애써 유지하고자 한다. 좋은 시가 진정한 시간과 자아에 대한 경험에 있다면, 그녀의 시적 관심사는 순전히 시간과 자아에 있다. 고독과 상처의 시간을 사유하고 치유하는 일은 우리가 한 편의 시를 읽고 쓰는 이유이기도 하다. 나는 누구인가?

· 오롯이 외로운 내가/ 서러운 나를 안고 있는 것이다 (「알약이 되어」)

· 망상을 지붕으로 덮고 있는 나 (「겨울사랑」)
· 새벽다운 새벽을 만나지 못하는 나 (「석양의 필법」)
· 내 마음 깊은 방 (「초록의 길」)
· 내 불면의 밤 (「해인(海印), 빗소리의 그릇」)
· 액땜의 주문인 듯/ 나는 중얼거린다 (「일침, 가는 해의」)
· 흐트러진 잡념 속 나는/ 허우적거린다(「우기 · 2」)

등에서 보면, 그녀에게 산다는 것은 "바람 속을 절룩이는 온몸으로. 빈 수레 하나 밀고 가는 것"(「헛것」)이며, "외로운 내가/ 서러운 나를 안고 있는" 형국이다. 슬픔을 슬픔으로 치유하는 그것은, 왜 모든 쓸쓸한 것들이 집이 아니라 길을 만드는가에 대해 묻고 있다. 망상과 불면, 주문과 잡념의 길 한가운데서 혼자 중얼거리고 허우적거려도, 나는 청신한 새벽의 시간을 꿈꾸며, 마음 속 깊은 방에 초록의 길과 생명을 예비해 둔다. "이제 우리의 저녁은/ 한 번도 보지 못한 별"(「도처의 불안」)인 것을 안다."떠나는 것들은 모두/ 사랑했던 기억의 일부"(「목련나무, 푸념」)임을 안다. 시인은 이제 그 시간의 알과 꿈속의 나를 그리워한다.

종잇장 같은 담장 사이에 두고/ 알 낳을 자리를 찾아 암탉이 골골거린다// 좁은 계사 한쪽에서 알을 낳느라/ 꿍! 소리 들리는 담장 이쪽에선/ 세탁기에 빨래를 돌리다 말고/ 조용히 귀 기울이고 있다// 시간은 초여름 석류나무 그늘 아래/ 움막 속에 들어선 분침이/ 정오의 정점을 찍으려는 순간// 산란을 마친 암탉은/ 임무를 끝낸 성취감에 꼬꼬댁 꼭꼭 두세 번/ 자축의 노래를 수탉에게 들려준다// 젖혀 두 발에 힘주며 암탉 등위로 돌아/ 수탉은 '수고했어' 목덜미에 부리 걸치고/ 어김없는 애무의 동작이다// 세탁기는 어느덧 헹굼을 멈추고 탈수를 시작한다// 사랑을 나누는 그들의 이야기가/ 나를 갓 낳은 알 만져보게 한다// 그 옛날 만져본 따듯한 체온/ 수천 번 세탁기를 돌리고 또 돌려도/ 그 느낌은 씻기지 않은 채, 기억 다발로 만져진다

—「알을 훔치는 시간」 전문 ①

바람이 불어 후루룩 꽃비가 얼굴을 스칠 때면
소녀로 돌아가 잠시 돌아온 봄을 만나고 싶다

메아리를 물고 깊은 숲속에 들어
되돌아나갈 길을 잃고도 싶다

먼 하늘가 뜨락을 내려서는
반쯤 비추는 달빛을 계단 삼아
풀리지 않는 그 허공의 매듭을 풀어
너울너울 멀리 보내고 싶지만

은은한 라일락 향기 덤으로 채운 반쪽 가슴

며칠 전 수술한 손가락
팔짝팔짝 찔러대는 매듭을 안고
어쩌나 어쩌지 박혀 있는 고통의 이불 속에서
사르르 꿈속으로 걸어가는 나

꽃다운 소녀로 돌아와서는
아직 다 자라지 못한 반달을 데리고
무얼 더 기다릴게 있는지, 엉거주춤

가려는지 오려는지, 길을 물어보기도 한다

—「꽃비, 매듭」 전문 ②

①에서 진정한 시간과 장소는 정오의 정점, 담장과 담장 사이에 있다. 암탉이 알을 낳는 시간, 그리고 담장 사이에는 세탁기 돌아가는 소리마저 멈춰 있다. 나의 몸은 오로지 귀에 머물러 있다. 때는 바야흐로 초여름, 석류나무 그늘 아래서다. 고요에 몰입한 끝에 암탉이 산란을 마쳤다. 이후 세탁기는 돌아가고 헹굼을 멈추고 탈수가 시작된다. 갓 낳은 알의 생명은 얼마나 희고 둥글며 부드러운가! 시가 알이라면, 그것은 인생의 온기-체온이며, 알을 생각하는 그 느낌은 "수천 번 세탁기를 돌리고 또 돌(렸어도)" 씻을 수가 없다. 이 사랑과 생명의 느낌, 알에 대한 기억이야말로 진정한 시간이며 실재인 것이다. 생명의 마음과 눈으로 바라본 "세상은

얼마나 황홀하고 감각적인가. 그것은 신비에서 시작되었고 신비로 끝날 테지만, 그 사이에는 얼마나 거칠고 아름다운 땅이 가로놓여 있는가"(다이앤 애커먼, 『감각의 박물학』). 시와 생명에 대한 미적 감수성과 윤리적 태도는 시인이 지녀야 할 중요한 가치이자 덕목이다. ②의 경우, 반유림의 시간은 그 옛날 문학소녀 시절로 소급된다, 수술로 인한 몸의 고통이 더해지고, 어느 봄날 꽃비가 내리던 순간과 맞물려 있다. 꽃다운 시간과 청순한 마음은 상상 속에서만 가능한 시간과 자아이다. 이는 청유형 어미(~고 싶다)로 주어져 있거나, '먼 하늘', '반쯤 비추는 달빛', '풀리지 않는 허공의 매듭', '은은한 라일락 향기' 등에서처럼, 미지의 세계와 언어, 이미지로 점철되어 있다. 병적인 시간과 상황에 놓여 있을 때 나는 "꿈속으로 걸어가"며, 나의 "눈가는 젖은 채/ … 얼마나 긴 시간을 달려왔던가"(「종착역에서」). "(봄)꿈은/ 어디쯤 산들산들 걸어오는가" (「봄나무 아래서 꾸는 꿈」)를 생각하며 나는 아픔을 이겨낸다. 나의 시간은 엉거주춤한 채 "가려는지 오려는지"가 불분명하며, 길의 도상에 있다. 문학적 시간이 기억과 망각, 현실과 상상 사이에 있듯이. 「지금은 떠나야 할 시간」은 시간 의식이 좀더 무겁고 웅숭깊은 데가 있다.

내 마지막 정착지는 황금빛 동산이다// 친절하던 이웃들은 남김없이 모두 가 버렸지만/ 초록 물들었던 젊은 가슴은/ 그해 여름 뜨거운 햇살을 기억한다// 피었다가 지는 꽃들은 마지막 씨앗을 낯선 지상으로/ 마지막 씨앗을 옮기려/ 마지막 가을날 만장을 내다 걸었다// 거센 바람에 못다 버린 지난날들/ 흔들리고 부러지면서 먼 하늘을 향해/ 또 다른 사랑을 하고 싶다고/ 대궁 마른 들꽃 한 움큼 꺾어 여울목에 던진다// 입술에 남긴 이별 자국이 깊을수록/ 따라 걸으며 우짖는 새의 목청이 구슬프다// 부탁의 시선 던져보는데도/ 빈 가지 꺾어지는 겨울나무는/ 우지끈! 이게 삶의 소리라는 듯/ 오래 안고 있던 하늘을/ 물소리 그득한 바닥에 내려놓는다

—「지금은 떠나야 할 시간」 전문

에서 보듯이, '마지막 정착지', '마지막 씨앗', '마지막 가을날'의 구절들에서 '마지막'이란 에피셋은 숫제 끝을 인정하고 받아들이는 데 있다. 이는 우리가 살아가면서 마지막으로 가꾸고 키워야 할 능력이다. 무한한 자유가 여기에 있다. 그러고보면, 나의 마지막은 어둠이 아닌 금빛의 아침 동산이다. 모두가 내 곁을 떠나고 없지만 나는 젊은 날을, 뜨거운 여름을 기억한다. 피고 지는 꽃처럼, 만장(挽章)이 생의 끝이 아니라 마지막 생명의 씨앗이란 점을 안다. 이런 순환론적 시간은 모든 것을 버리고 던졌을 때 또다른 사랑이 주어진다는 사실이다. 먼 하늘이 거기에 있다. 이별의 자국과 흔적이 깊을수록 새의 목청은 더 구슬픈 법. 이처럼 깊고 아름답고 먼 것들의 시간이 바로 시적인 순간들이다. 삶의 시간과 소리는 어디에 있는가. 빈 가지 꺾어지는 겨울나무, 아니 겨울 마음에 있다. 그 마음은 "까치가 뼈만 남은 나뭇가지에서 울음을 운다."(이상화,

「겨울마음」) 이제 시인은 오랜 마음의 하늘을 바닥에 내려놓는다. 하심(下心)이다. 지금은 떠나야 할 시간. 가볍다.

두 손 가는 곳 어딘지 몰라
바닷물 한 바가지 퍼 올린다

미움도 서운함도 겹겹이 쌓여서
의미의 시간이 될 때까지
숨죽여 잠재워 두었던 풍선을
머리 위에 띄우고 아장아장 걷는다

마음 가는 곳 피는 들꽃들
방향 지시등 켜지도 않은 채
고집스레 하늘로 고개 쳐든 들길

등에 새긴 문신처럼
지난날은 지워지지 않은 채
뜨거운 사막이 되어
다시 떠오를 배를 기다리고

얼음조각에 이가 시리도록
깨물어 보았던 모래사장

저 혼자 밀려왔다 밀려가는 포말에
나는 시린 발목을 담근다

들길도 바다가 되어
수평선 그리워하는 해변에서
빛바램도 설렘이 되는
풍선의 의미를 본다

손 잡아주던 그대 떠나고 없어도
나 아직은 그대 안에서 살고 있어
둥둥 온몸이 가볍다

—「파란 풍선」 전문

마음 속 깊은 뜻을 말로 옮기어 놓은 게 시라면, 품은 뜻이 얼마나 깊고 새로운가에 따라 말의 무늬와 결이 달라진다. 이 시에서는 그런 의미의 시간을 전면에 내세운다. 그 시간은 모든 것이 켜켜이 뒤섞인 상태이다. 그렇다고 무겁진 않아 '파란 풍선'을 닮아 있다. "숨죽여 잠재워 두었던" 마음의 풍선. 나는 어린아이 마냥 이 풍선을 "머리 위에 띄우고 아장아장 걷는다". 그 걸음에는 이렇다할 방향도 걸림도 없다. 그냥 마음이 가는 대로 핀 들꽃과 "하늘로 고개 쳐든 들길"처럼, 지난 시간은 문신처럼 지워지지 않는다. 허나 열사(熱沙)의 땅에서 나는 다시 출항하는 배를 기다린다. 이 물과 불의 냉온감각 이미지는 시의 주제를 효과적으로 부각시킨다. "저 혼자 밀려왔다 밀려가는 포말"이나, 오가는 들길이나 무엇이 다른가. 가없는 수평선이나 길의 끝에서 만나는 지평선도 매한가지. 바다의 들길, 들길의 바다에서 나는 풍선의 의미를 생각한다, 풍선의 바람과 허공을 본다. 그리고 풍선은 부재의 현존으로서 그대를 향한 나의 간절한 그리움이다. 가 닿아야 함에도 불구하고 닿을 수 없는 심리적 거리가 그리움이라면, 나는 마음 속 풍선 안에서 온통 자유롭고 온몸이 가볍다. 파란 풍선의 그는 어디에나 있지만 아무 데도 없는 '에레혼(erewhon)'의 표상이다. 끝으로 서정시의 오랜 전통과 새로운 감성을 특징적으로 보여 주는 다음 두 편을 보기로 한다.

늘 초록인 줄로만 알았던 이파리가 애련의 가슴일 줄
새큼한 풋사랑 그대로 둘 걸
바람의 뜨거운 입김에 붉게 물들었나

황톳길 가다 만난 패랭이꽃
대문 앞 옮긴 날부터
천둥 번개 치는 밤 찢긴 깃발처럼
내 잠은 펄럭거렸네

지난 밤 가뭄 끝에 찾아온 이슬비에도

행여나 찾아올 그리운 사람에게
이슬방울 소리에도 들킬까 봐 마음 졸였네

꿈속에서 아련한 모습 안개 속으로
가물가물 눈앞이 흐려지네

—「패랭이꽃」 전문 ①

대문 앞 보도블록 틈새
비집고 올라온 잡초에서
뽑아도 뽑히지 않으려는 안간힘을 본다

끈질김이란 저렇듯
누군가를 귀찮게 할 수 있다는 것을
알아버린 뒤
나 달아나고 싶은 저녁이다

조곤조곤 찾아온 빗소리는 반갑지만
대문을 열면 또다시 있을
저 벙글벙글 웃는 풀들을
어찌해야 하나

보고픈 사람 찾아오지 않아

더 깊어진 눈으로
호밋날 들이미는 대문 앞

풀은 떠나고 없어도
잘린 밑동에서 뿜어 나오는 향기
그 옛날의 발자국

—「풀」 전문 ②

①은 이번 시집에서 가장 순정하고 아름다운 서정시의 하나로 지목된다. 패랭이꽃, 하면 우선 패랭이꽃 핀 들길을 나귀 타고 간 시인 김춘수가 떠오른다. 그런 순수와 서정이 잘 묻어나 있는 이 시는 '패랭이꽃'이라 읽고, '애린(애련)'이라 쓴다. 초록이 분홍으로 화하는 것은 봄의 풋풋함에 더 이상 머물지 않고 여름이 된다는 것이다. 그것은 사랑이라기보다 차라리 연민에 가깝다. 뜨거운 햇빛을 받으며 서서히 붉게 물들어가는 패랭이꽃. 황톳길에서 마주친 그 꽃을 집 안으로 들이면서 나의 잠은 어느새 달아나버리고, 창밖은 천둥 번개가 몰아친다. 흙에서 나고 자란 꽃이란 본래의 자리가 가장 자연스럽고 아름다운 법. 가뭄 끝에 내린 이슬비, 아니 이슬방울 소리에도 나의 마음은 행여 찾아올 그에게로 향한다. 속내를 들킬까봐 마음 조아린 것은 아련한 꿈속이다. 시인의 결 고운 심성을 반영한 패랭이꽃은 하나의 마음사물이다. 그것은 분명하지도 않고 모호한 채로 남아 있어, 적막(寂寞)이다. 적막의 '적(寂)'은 사이로 바라보는 존재의

비밀이며 안개 속이다. 애련과 애린, 아련이란 말을 생각한다. 지순한 야생의 꽃과 마음이 여기에 있다. 두메분취, 좁은잎돌꽃, 천지괭이눈, 나도황기, 그리고 술패랭이, 구름패랭이, 수염패랭이…

②는 글의 구성이나 이미지 전개는 물론, 주제와 형식에 있어서도 크게 돋보인다. 평이하지만 일말의 깊이가 느껴지는 이 시는 잘 빚어진 항아리 같다. 내용을 보게 되면, 「풀」은 잡(雜)의 시편이다. '잡화엄'이란 말이 있듯이, 진리는 혼돈(의 질서)에 있다. "대문 앞 보도블록 틈새(를)/ 비집고 올라온 잡초"는 인간의 손과 호미날에 뽑혀 없어져야 할 게 아니라, 사이라는 중심의 꽃이라는 사실. 그 중심은 안간힘이자 생명이며 끈질김이다. 쉽사리 뽑히지 않은 잡초는 "누군가를 귀찮게 할 수 있"다는 사실을 나는 진작에 알아버렸다. 저녁의 비밀이다. 고조곤히 비가 내리고, 좋아라 웃는 잡초에 대해 나는 골몰한다. 특히 마지막 두 연에 시의 방점이 주어진다. 고독하고 깊은 시선과 메시지가 그것. (대)문을 사이에 두고 순잡(純雜)의 경계가 놓여 있다. 문득 깨닫게 되는 것은 바깥의 잡초는 사라지는 방식으로 향기를 드러내며 점차 내부로 스며든다는 사실. 그리고 호밋날의 곡선이 아름다운 것은 잡초의 죽음과 애도 때문이다. 문밖에서 지금은 사라진 "그 옛날의 발자국"을 본다.

3.

반유림의 시는 일상의 어법과 "한 여성의 생(이)/ 초록을 버리고 붉음을 버리고/ 검게 익어가고 있다"(「봄나무 아래서 꾸는 꿈」)는 사실과 의미에 있다. 그것은 진정한 시간과 자아에 이르는 길이며, 마음의 우물을 깊이 헤아리는 일이다. 그녀에게 시란 마음 속 깊은 곳에 켜켜이 묻어둔 말과 삶이며, 세상에 대한 느낌이다. 젖어들고, 스며들고, 담묵으로 번지는 그것은 서정시의 고유한 빛이며 소리가 생성해 낸 적막이다. 생의 희비와 애락, 그리움과 외로움, 고통과 사랑이 이토록 아름다운 것은 예의 마음사물 때문이다. 서정시의 전통과 순수한 가능성이 새롭게 예견되는 그녀의 시에서 필(筆,feel)의 법과 도, 예가 서로 만나 어둠을 뚫고 돌아 나오는 것은? 슬픔이 지나간 물너울에 있다.

행복이, 슬픔이 무엇인지 모르던/ 내 첫 번째 스무 살. 눈 내리던 어느 날/ 아버지 손목을 놓아버린 채/ 미끄러지듯 미로 속으로 가고 있었다// 내 두 번째 스무 살은/ 수평의 나날에 핀 창포꽃에게/ 눈물맛 돌팔매를 던졌다// 갓 열 살 넘긴 시절 할머니집/ 앞마당에 살구꽃 피던 날/ 민며느리적 시집살이 이야기를 듣던 그 밤 속으로/ 세 번째 스무 살은 지나가고 있었다// 갓 화장하고 나온 노을이/ 다시 오지 않을 그 얼굴로/ 내 삶의 여운에 뜬 마지막 무지개를/ 야금야금 갉아 먹었다/ 아직 오지 않은 네 번째 스무 살은/ 어둠을 뚫고 돌아올 풀씨를/ 슬픔이 지나간 물너울에 놓아 준다

— 「물너울」 전문

계간문예시인선 217

반유림 시집 _ 담묵으로 번지다

초판 인쇄 2025년 5월 20일
초판 발행 2025년 5월 25일

지 은 이 반유림
회 장 서정환
발 행 인 정종명
편집주간 차윤옥

펴 낸 곳 도서출판 계간문예
주 소 03132 서울 종로구 삼일대로 30길 21 종로오피스텔 1209호
전 화 (02) 3675-5633 팩스 (02) 766-4052
이 메 일 munin5633@naver.com
홈페이지 http://cafe.daum.net/quarterly2015
등 록 2005년 3월 9일 제300-2005-34호
연 락 처 03132 서울 종로구 삼일대로 32길 36 운현신화타워 305호
인 쇄 54991 전북 전주시 완산구 공북1길 16, 신아출판사
ISBN 978-89-6554-315-2 04810
ISBN 978-89-6554-118-9 (세트)

값 12,000원